VOCABOLARIO ILLUSTRATO DI INGLESE

TONY WOLF

- MOUSE — TOPO
- MUSHROOM — FUNGO
- DOG · CANE
- DRAWING — DISEGNO
- TREE — ALBERO
- EXERCISE — ESERCIZIO

DAMI EDITORE

Testi e illustrazioni sono tratti da *Vocabolario illustrato di inglese*,
Giunti Editore (2003)
Illustrazioni: Tony Wolf
Testi: Alessandra Galli
Impaginazione: Paolo Turini

www.giunti.it

© 2003, 2014 Giunti Editore S.p.A.
Via Bolognese 165 - 50139 Firenze - Italia
Via Borgogna 5 - 20122 Milano - Italia
Prima edizione: giugno 2014

Ristampa	Anno
6 5 4 3 2 1 0	2017 2016 2015 2014

Stampato presso Giunti Industrie Grafiche S.p.A. - Stabilimento di Prato

VOCABOLARIO ILLUSTRATO DI INGLESE

A a *A a*

A / AN - UN UNA UNO

ABSENT - ASSENTE

ADDRESS - INDIRIZZO

AEROPLANE - AEROPLANO

AFRAID (TO BE) - PAURA (AVERE)

AFTER - DOPO

AFTERNOON - POMERIGGIO

AGAINST - CONTRO

AIR - ARIA

AIRPORT - AEROPORTO

ALARM CLOCK - SVEGLIA

ALL - TUTTO

ALSO - ANCHE

VOCABOLARIO ILLUSTRATO DI INGLESE

ALWAYS - SEMPRE

AND  E

ANGRY - ARRABBIATO

ANIMAL - ANIMALE

ANSWER - RISPOSTA

ANT - FORMICA

APPLE - MELA

APRICOT - ALBICOCCA

ARITHMETIC - ARITMETICA

ARM - BRACCIO

ARMCHAIR - POLTRONA

ASK (TO) - CHIEDERE

ASTRONAUT - ASTRONAUTA

AT - A    **TO** - A

VOCABOLARIO ILLUSTRATO DI INGLESE

B b *B b*

BAD - CATTIVO

BAG - BORSA

BALL - PALLA

BANANA - BANANA

BANK - BANCA

BARBER - BARBIERE

BASKETBALL - PALLACANESTRO

BAT - PIPISTRELLO

BE (TO) - ESSERE

BEACH - SPIAGGIA

BEAN - FAGIOLO

BEAR - ORSO

BEAUTIFUL - BELLO

VOCABOLARIO ILLUSTRATO DI INGLESE

BEAVER - CASTORO

BED - LETTO

BEE - APE

BEFORE - PRIMA

BEHIND - DIETRO

BELL - CAMPANELLO

BELT - CINTURA

BETWEEN - TRA

BICYCLE - BICICLETTA

BIG - GRANDE

BIRD - UCCELLO

BIRTHDAY - COMPLEANNO

BISCUIT - BISCOTTO

BLACKBOARD - LAVAGNA

BLANKET - COPERTA

BLOND - BIONDO

BOAT - BARCA

BOOK - LIBRO

BOTTLE - BOTTIGLIA

BOX - SCATOLA

BOY - BAMBINO

BRANCH - RAMO

BRAVE - CORAGGIOSO

BREAD - PANE

BREAKFAST - COLAZIONE

BRIDGE - PONTE

BROOM - SCOPA

BROTHER - FRATELLO

VOCABOLARIO ILLUSTRATO DI INGLESE

BRUSH - SPAZZOLA

BUS - AUTOBUS

BUT - MA

BUTTER - BURRO

BUTTERFLY - FARFALLA

BUTTON - BOTTONE

BUY (TO) - COMPRARE

C c *Cc*

CAKE - TORTA

CALL (TO) - CHIAMARE

CAMEL - CAMMELLO

CAMERA - MACCHINA FOTOGRAFICA

CAP - BERRETTO

CAR - AUTOMOBILE

CARPET - TAPPETO

CARROT - CAROTA

CARTOONS - CARTONI ANIMATI

CASTLE - CASTELLO

CAT - GATTO

CATERPILLAR - BRUCO

CHAIR - SEDIA

CHEESE - FORMAGGIO

CHEMIST'S - FARMACIA

CHESTNUT - CASTAGNA

CHILDREN - BAMBINI

CHOCOLATE - CIOCCOLATO

CHURCH - CHIESA

CINEMA - CINEMA

VOCABOLARIO ILLUSTRATO DI INGLESE

CIRCUS - CIRCO

CLASSROOM - AULA

CLEAN - PULITO

CLEVER - INTELLIGENTE

CLOCK - OROLOGIO

CLOSED - CHIUSO

CLOUD - NUVOLA

CLOWN - PAGLIACCIO

COAT - CAPPOTTO

COCK - GALLO

COFFEE - CAFFÈ

COLD - FREDDO

COMB - PETTINE

COME (TO) - VENIRE

COMPETITION - GARA

COMPUTER - COMPUTER

COOK - CUOCO

COPY (TO) - COPIARE

CORN - GRANTURCO

COUNT (TO) - CONTARE

COUNTRY - CAMPAGNA

COWBOY - COWBOY

VOCABOLARIO ILLUSTRATO DI INGLESE

CRANE - GRU

CROCODILE - COCCODRILLO

CROSS (TO) - ATTRAVERSARE

CRY (TO) - PIANGERE

CUP - TAZZA

CUPBOARD - ARMADIO

CUT (TO) - TAGLIARE

D d *D d*

DAILY - QUOTIDIANO

DAISY - MARGHERITA

DANCE (TO) - BALLARE

DANGER - PERICOLO

DAWN - ALBA

DAY - GIORNO

VOCABOLARIO ILLUSTRATO DI INGLESE

DEAR - CARO

DEER - CERVO

DENTIST - DENTISTA

DESK - BANCO

DIFFICULT - DIFFICILE

DINNER - CENA

DINOSAUR - DINOSAURO

DIRTY - SPORCO

DO (TO) - FARE

DOCTOR - DOTTORE

DOG - CANE

DOLL - BAMBOLA

DOLPHIN - DELFINO

DONKEY - ASINO

VOCABOLARIO ILLUSTRATO DI INGLESE **D**

DOOR - PORTA

DOWN - GIÙ

DRAWING - DISEGNO

DRINK (TO) - BERE

DRIVE (TO) - GUIDARE

DRY - ASCIUTTO

DUCK - ANATRA

25

E e *E e*

EAGLE - AQUILA

EAR - ORECCHIO

EARLY - PRESTO

EASY - FACILE

EAT (TO) - MANGIARE

ECHO - ECO

VOCABOLARIO ILLUSTRATO DI INGLESE

EGG - UOVO

ELECTRICITY - ELETTRICITÀ

ELEGANT - ELEGANTE

ELEPHANT - ELEFANTE

END - FINE

ENJOY (TO) - GUSTARE

ENTRANCE - ENTRATA

ENVELOPE - BUSTA

EVENING - SERA

EXAM - ESAME

EXERCISE - ESERCIZIO

EXERCISE BOOK - QUADERNO

EXPLORER - ESPLORATORE

EYE - OCCHIO

VOCABOLARIO ILLUSTRATO DI INGLESE

F f *Ff*

FABLE - FAVOLA

FACE - FACCIA

FACTORY - FABBRICA

FAIRY - FATA

FAR - LONTANO

FARM - FATTORIA

FARMER - CONTADINO

FAST - VELOCE

FAT - GRASSO

FATHER CHRISTMAS - BABBO NATALE

FILM - FILM

FINGER - DITO

FIRE - FUOCO

VOCABOLARIO ILLUSTRATO DI INGLESE F

FIRE - INCENDIO

FIREMAN - POMPIERE

FISH - PESCE

FISHERMAN - PESCATORE

FLAG - BANDIERA

FLOWER - FIORE

FLU - INFLUENZA

FLY (TO) - VOLARE

FOG - NEBBIA

FOOT - PIEDE

FOR - PER

FORGET (TO) - DIMENTICARE

FORK - FORCHETTA

FOUR-LEAF CLOVER - QUADRIFOGLIO

VOCABOLARIO ILLUSTRATO DI INGLESE

F

FOX - VOLPE

FRIEND - AMICO

FROG - RANOCCHIO

FROM - DA

FRUIT - FRUTTA

FULL - PIENO

FUNNEL - IMBUTO

G g *Gg*

GARAGE - GARAGE

GARDEN - GIARDINO

GATE - CANCELLO

GIANT - GIGANTE

GIRAFFE - GIRAFFA

GIRL - BAMBINA

GIVE (TO) - DARE

GLASS - BICCHIERE

GLASS - VETRO

GLASSES - OCCHIALI

GLOVE - GUANTO

GO (TO) - ANDARE

GO DOWN (TO) - SCENDERE

GO UP (TO) - SALIRE

GOAT - CAPRA

GOLD - ORO

GOLF COURSE - CAMPO DA GOLF

GOOD - BUONO

GOOSE - OCA

GORILLA - GORILLA

VOCABOLARIO ILLUSTRATO DI INGLESE

G

GRAPEFRUIT - POMPELMO

GRAPES - UVA

GRASS - ERBA

GRASSHOPPER - CAVALLETTA

GROUP - GRUPPO

GUITAR - CHITARRA

GYMNASTICS - GINNASTICA

Hh *Hh*

HAIR - CAPELLI

HAM - PROSCIUTTO

HAMMER - MARTELLO

HAND - MANO

HANDKERCHIEF - FAZZOLETTO

HANG (TO) - APPENDERE

VOCABOLARIO ILLUSTRATO DI INGLESE

HAPPY - FELICE

HARE - LEPRE

HAT - CAPPELLO

HAVE (TO) - AVERE

HEAD - TESTA

HEAR (TO) - ASCOLTARE

HEART - CUORE

HEAVY - PESANTE

HELICOPTER - ELICOTTERO

HELLO / BYE-BYE - CIAO

HELMET - CASCO

HELP - AIUTO

HEN - GALLINA

HERE - QUI

VOCABOLARIO ILLUSTRATO DI INGLESE H

HIDE (TO) - NASCONDERSI

HIPPOPOTAMUS - IPPOPOTAMO

HITCH-HIKING - AUTOSTOP

HOLE - BUCO

HOLIDAY - VACANZA

HONEY - MIELE

HORSE - CAVALLO

HOSPITAL - OSPEDALE

HOT - CALDO

HOTEL - ALBERGO

HOUSE - CASA

HOW MUCH? - QUANTO?

HUNGRY (TO BE) - FAME (AVERE)

HUNTER - CACCIATORE

VOCABOLARIO ILLUSTRATO DI INGLESE

I i Ii

ICE - GHIACCIO

ICE-CREAM - GELATO

IDEA - IDEA

IF - SE

ILL - MALATO

IMPORTANT - IMPORTANTE

IN - DENTRO

IN FRONT OF - DAVANTI A

INDIAN - INDIANO

INFORMATION - INFORMAZIONE

INK - INCHIOSTRO

INSIDE - DENTRO

ISLAND - ISOLA

VOCABOLARIO ILLUSTRATO DI INGLESE

Jj

JACKET - GIACCA

JAM - MARMELLATA

JEANS - JEANS

JOKE - SCHERZO

JUDGE - GIUDICE

JUMP (TO) - SALTARE

Kk *Kk*

KANGAROO - CANGURO

KEY - CHIAVE

KIND - GENTILE

KING - RE

KISS - BACIO

KNIFE - COLTELLO

VOCABOLARIO ILLUSTRATO DI INGLESE

Ll *Ll*

LADDER - SCALA

LADYBIRD - COCCINELLA

LAKE - LAGO

LAMP - LAMPADA

LATE - TARDI

LAUGH (TO) - RIDERE

LAWN - PRATO

LAZY - PIGRO

LEAF - FOGLIA

LEARN (TO) - IMPARARE

LEAVE (TO) - PARTIRE

LEFT - SINISTRA

LEG - GAMBA

VOCABOLARIO ILLUSTRATO DI INGLESE

LEMON - LIMONE

LESSON - LEZIONE

LETTER - LETTERA

LIBRARY - BIBLIOTECA

LIE - BUGIA

LIFT - ASCENSORE

LIGHT - LEGGERO

LIGHT - LUCE

LIKE (TO) - PIACERE

LION - LEONE

LISTEN (TO) - ASCOLTARE

LITTLE - POCO

LIVE (TO) - ABITARE

LOCK - LUCCHETTO

VOCABOLARIO ILLUSTRATO DI INGLESE

LONG - LUNGO

LOOK AT (TO) - GUARDARE

LORRY - CAMION

LOSE (TO) - PERDERE

LOVE - AMORE

LUCKY - FORTUNATO

LUNCH - PRANZO

M m ℳ m

MAGAZINE - RIVISTA

MAGICIAN - MAGO

MAN - UOMO

MANY - TANTI

MAP - PIANTINA

MATCH - FIAMMIFERO

VOCABOLARIO ILLUSTRATO DI INGLESE

MEAT - CARNE

MEDICINE - MEDICINA

MESS - DISORDINE

MIDDAY - MEZZOGIORNO

MIDNIGHT - MEZZANOTTE

MILK - LATTE

MIRROR - SPECCHIO

MISTAKE - ERRORE

MONEY - SOLDI

MONKEY - SCIMMIA

MOON - LUNA

MORNING - MATTINO

MOSQUITO - ZANZARA

MOTOCROSS - MOTOCROSS

VOCABOLARIO ILLUSTRATO DI INGLESE

MOTORBIKE - MOTO

MOUNTAIN - MONTAGNA

MOUSE - TOPO

MOUTH - BOCCA

MUCH - TANTO

MUSHROOM - FUNGO

MUSIC - MUSICA

N n 𝓝 𝓃

NAIL - CHIODO

NAIL - UNGHIA

NAME - NOME

NAP - PISOLINO

NAPKIN - TAVAGLIOLO

NEAR - VICINO

NECK - COLLO

NECKLACE - COLLANA

NEEDLE - AGO

NEVER - MAI

NEW - NUOVO

NEWSPAPER - GIORNALE

NIGHT - NOTTE

NO - NO

NOBODY - NESSUNO

NOISE - RUMORE

NOSE - NASO

NOTHING - NIENTE

NOW - ADESSO

NURSE - INFERMIERA

VOCABOLARIO ILLUSTRATO DI INGLESE

OAK - QUERCIA

OCEAN - OCEANO

OFFICE - UFFICIO

OFTEN - SPESSO

OLD - VECCHIO

ON - SOPRA

ONION - CIPOLLA

ONLY - SOLAMENTE

OPEN - APERTO

OR O

ORANGE - ARANCIA

OSTRICH - STRUZZO

OUT - FUORI

VOCABOLARIO ILLUSTRATO DI INGLESE

P p 𝒫 𝓅

PAGE - PAGINA

PAINTER - PITTORE

PANDA - PANDA

PANTS - MUTANDE

PAPER - CARTA
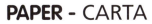

PARACHUTE - PARACADUTE

PARK - PARCO

PARROT - PAPPAGALLO

PARTY - FESTA

PASSPORT - PASSAPORTO

PEA - PISELLO

PEACH - PESCA

PEAR - PERA

VOCABOLARIO ILLUSTRATO DI INGLESE

P

PEN - PENNA

PENCIL - MATITA

PENGUIN - PINGUINO

PETROL - BENZINA

PHOTOGRAPH - FOTOGRAFIA

PICTURE - QUADRO

PIG - PORCELLINO

PINEAPPLE - ANANAS

PLATE - PIATTO

PLAY (TO) - GIOCARE

PLAY (TO) - SUONARE

PLEASE - PER PIACERE

POCKET - TASCA

POINT TO (TO) - INDICARE

VOCABOLARIO ILLUSTRATO DI INGLESE

P

POLICEMAN - POLIZIOTTO

POLITE - EDUCATO

POLLUTION - INQUINAMENTO

PORT - PORTO

POSTMAN - POSTINO

POT - PENTOLA

POTATO - PATATA

PRESENT - REGALO

PRIZE - PREMIO

PULL (TO) - TIRARE

PUMPKIN - ZUCCA

PUPIL - ALUNNO

PUSH (TO) - SPINGERE

PYJAMAS - PIGIAMA

VOCABOLARIO ILLUSTRATO DI INGLESE

Qq *Qq*

QUEEN - REGINA

QUESTION - DOMANDA

QUEUE - CODA

QUICK - VELOCE

QUIET - TRANQUILLO

QUIZ - QUIZ

Rr *Rr*

RABBIT - CONIGLIO

RACE - CORSA

RADIO - RADIO

RAFT - ZATTERA

RAILWAYMAN - FERROVIERE

RAIN - PIOGGIA

VOCABOLARIO ILLUSTRATO DI INGLESE

R

RAINBOW - ARCOBALENO

RAINCOAT - IMPERMEABILE

READ (TO) - LEGGERE

REFRIGERATOR - FRIGORIFERO

RELAX (TO) - RILASSARSI

REPEAT (TO) - RIPETERE

RESTAURANT - RISTORANTE

RHINOCEROS - RINOCERONTE

RICE - RISO

RICH - RICCO

RIGHT - DESTRA

RING - ANELLO

RIVER - FIUME

ROAD - STRADA

VOCABOLARIO ILLUSTRATO DI INGLESE

ROBOT - ROBOT

ROOF - TETTO

ROSE - ROSA

RUBBER - GOMMA

RUCKSACK - ZAINO

RUN (TO) - CORRERE

RUN AFTER (TO) - INSEGUIRE

S s *Ss*

SAIL - VELA

SAILOR - MARINAIO

SALAD - INSALATA

SALT - SALE

SAND - SABBIA

SAUSAGE - SALSICCIA

VOCABOLARIO ILLUSTRATO DI INGLESE

SCHOOL - SCUOLA

SCISSORS - FORBICI

SEA - MARE

SEAL - FOCA

SEE (TO) - VEDERE

SHARK - SQUALO

SHEEP - PECORA

SHELL - CONCHIGLIA

SHERIFF - SCERIFFO

SHIP - NAVE

SHIRT - CAMICIA

SHOE - SCARPA

SHOP (TO) - COMPRARE

SHORT - BASSO

SHOUT (TO) - GRIDARE

SHOWER - DOCCIA

SISTER - SORELLA

SIT DOWN (TO) - SEDERSI

SKATE (TO) - PATTINARE

SKIRT - GONNA

SKY - CIELO

SKYSCRAPER - GRATTACIELO

SLEEP (TO) - DORMIRE

SLEIGH - SLITTA

SLOW - LENTO

SMALL - PICCOLO

SMELL - ODORE

SNAKE - SERPENTE

SNEEZE (TO) - STARNUTIRE

SNOW - NEVE

SOAP - SAPONE

SOCCER - CALCIO

SOCK - CALZA

SOFA - DIVANO

SOLDIER - SOLDATO

SORRY! - SCUSA!

SPACESHIP - ASTRONAVE

SPEAK (TO) - PARLARE

SPIDER - RAGNO

SPINACH - SPINACI

SPOON - CUCCHIAIO

SPORT - SPORT

VOCABOLARIO ILLUSTRATO DI INGLESE

SQUARE - PIAZZA

SQUIRREL - SCOIATTOLO

STAMP - FRANCOBOLLO

STAR - STELLA

STATION - STAZIONE

STEAK - BISTECCA

STOP (TO) - FERMARE

STRAWBERRY - FRAGOLA

STRONG - FORTE

STUDY (TO) - STUDIARE

SUBMARINE - SOTTOMARINO

SUGAR - ZUCCHERO

SUITE / DRESS - VESTITO

SUITCASE - VALIGIA

VOCABOLARIO ILLUSTRATO DI INGLESE

SUN - SOLE

SURPRISE - SORPRESA

SWEATER - MAGLIONE

SWEET - CARAMELLA

SWIM (TO) - NUOTARE

SWIMMING-POOL - PISCINA

SWORD - SPADA

T t *T t*

T-SHIRT - MAGLIETTA

TABLE - TAVOLO

TABLECLOTH - TOVAGLIA

TAIL - CODA

TAKE (TO) - PORTARE

TAKE (TO) - PRENDERE

VOCABOLARIO ILLUSTRATO DI INGLESE

TALL - ALTO

TAXI - TAXI

TEA - TÈ

TEACHER - INSEGNANTE

TELEPHONE - TELEFONO

TELEVISION - TELEVISIONE

TELL (TO) - RACCONTARE

TENNIS COURT - CAMPO DA TENNIS

THANK YOU - GRAZIE

THAT - QUELLO

THE - IL LO LA I GLI LE

THEATRE - TEATRO

THERE - LÀ

THESE - QUESTI

VOCABOLARIO ILLUSTRATO DI INGLESE

T

THIN - MAGRO

THINK (TO) - PENSARE

THIRSTY (TO BE) - SETE (AVERE)

THIS - QUESTO

THOSE - QUELLI

TIE - CRAVATTA

TIGER - TIGRE

85

TIRED - STANCO

TODAY - OGGI

TOGETHER - INSIEME

TOMATO - POMODORO

TOMORROW - DOMANI

TONGUE - LINGUA

TOOTH - DENTE

VOCABOLARIO ILLUSTRATO DI INGLESE

TOOTHPASTE - DENTIFRICIO

TORTOISE - TARTARUGA

TOWEL - ASCIUGAMANO

TOWN - CITTÀ

TOY - GIOCATTOLO

TRAFFIC LIGHT - SEMAFORO

TRAIN - TRENO

TRAVEL (TO) - VIAGGIARE

TREASURE - TESORO

TREE - ALBERO

TROUSERS - PANTALONI

TUMMY - PANCIA

TWINS - GEMELLI

TYPEWRITER - MACCHINA DA SCRIVERE

U u 𝓤 𝓊

UGLY - BRUTTO

UMBRELLA - OMBRELLO

UNDER - SOTTO

UNDERSTAND (TO) - CAPIRE

UNHAPPY - INFELICE

UP - SU

V v 𝓥 𝓋

VACUUM CLEANER - ASPIRAPOLVERE

VASE - VASO

VEGETABLES - VERDURA

VERY - MOLTO

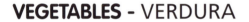

VOICE - VOCE

VOLCANO - VULCANO

VOCABOLARIO ILLUSTRATO DI INGLESE

WAIT FOR (TO) - ASPETTARE

WAKE UP (TO) - SVEGLIARSI

WALK (TO) - CAMMINARE

WALL - MURO

WANT (TO) - VOLERE

WASH (TO) - LAVARE

WASHING MACHINE - LAVATRICE

WATCH - OROLOGIO

WATER - ACQUA

WATERMELON - ANGURIA

WELL - BENE

WET - BAGNATO

WHALE - BALENA

VOCABOLARIO ILLUSTRATO DI INGLESE

WHAT IS IT? - CHE COSA È?

WHEEL - RUOTA

WHEN - QUANDO

WHERE - DOVE

WHICH? - QUALE?

WHO? - CHI?

WHY? / BECAUSE - PERCHÉ? / PERCHÉ

WIND - VENTO

WINDOW - FINESTRA

WINE - VINO

WITH - CON

WITHOUT - SENZA

WOLF - LUPO

WOMAN - DONNA

VOCABOLARIO ILLUSTRATO DI INGLESE

WOOD - BOSCO  LEGNO

WOOL - LANA

WORK (TO) - LAVORARE

WORLD - MONDO

WRITE (TO) - SCRIVERE

XILOPHONE - XILOFONO

Y-Z

Y y *Y y*

YES - SÌ

YESTERDAY - IERI

YOUNG - GIOVANE

Z z *Z z*

ZEBRA - ZEBRA

ZEBRA CROSSING - STRISCE PEDONALI

THE ENGLISH ALPHABET
L'ALFABETO INGLESE

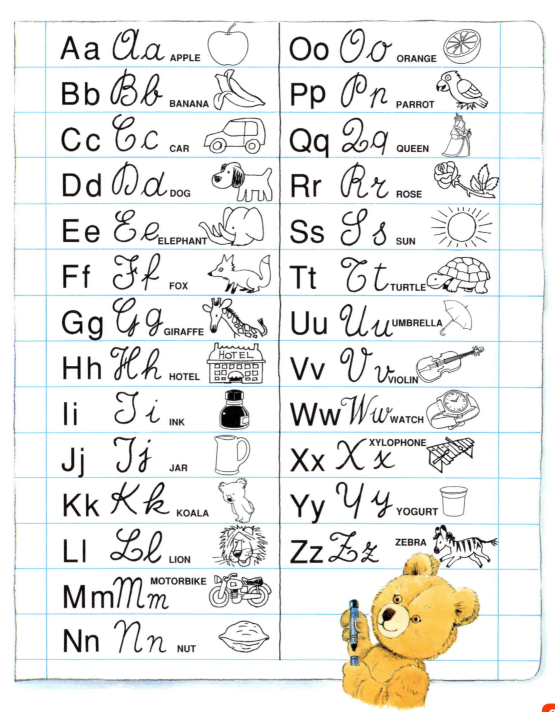

NUMERI - NUMBERS

ZERO - ZERO

ONE - UNO

TWO - DUE

THREE - TRE

FOUR - QUATTRO

FIVE - CINQUE

SIX - SEI

SEVEN - SETTE

EIGHT - OTTO

NINE - NOVE

TEN - DIECI

ONE HUNDRED - CENTO

ONE THOUSAND - MILLE

THE MONTHS OF THE YEAR
I MESI DELL'ANNO

JANUARY - GENNAIO

FEBRUARY - FEBBRAIO

MARCH - MARZO

APRIL - APRILE

MAY - MAGGIO

JUNE - GIUGNO

JULY - LUGLIO

AUGUST - AGOSTO

SEPTEMBER - SETTEMBRE

OCTOBER - OTTOBRE

NOVEMBER - NOVEMBRE

DECEMBER - DICEMBRE

THE SEASONS
LE STAGIONI

SPRING - PRIMAVERA

SUMMER - ESTATE

AUTUMN - AUTUNNO

WINTER - INVERNO

THE DAY OF THE WEEK
I GIORNI DELLA SETTIMANA

SUNDAY - DOMENICA

MONDAY - LUNEDì

TUESDAY - MARTEDÌ

WEDNESDAY - MERCOLEDÌ

THURSDAY - GIOVEDÌ

FRIDAY - VENERDÌ

SATURDAY - SABATO

COLORS
I COLORI

RED - ROSSO

PINK - ROSA

YELLOW - GIALLO

BROWN - MARRONE

BLUE - BLU

GREEN - VERDE

ORANGE - ARANCIONE

PURPLE - VIOLA

WHITE - BIANCO

BLACK - NERO

SHAPES
FORME GEOMETRICHE

SQUARE - QUADRATO

RECTANGLE - RETTANGOLO

TRIANGLE - TRIANGOLO

CIRCLE - CERCHIO

CONE - CONO

PYRAMID - PIRAMIDE

CUBE - CUBO

LA CASA
THE HOUSE

ROOF
TETTO

BATHROOM
BAGNO

PARENTS' BEDROOM
CAMERA DA LETTO DEI GENITORI

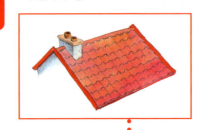

DOOR
PORTA

KITCHEN
CUCINA

DINING ROOM
SALA DA PRANZO

THE FAMILY
LA FAMIGLIA

PARENTS - GENITORI

DADDY
PAPÀ

MUMMY
MAMMA

CHILDREN - FIGLI

SON
FIGLIO

DAUGHTER
FIGLIA

GRANDPARENTS - NONNI

GRANDFATHER
NONNO

GRANDMOTHER
NONNA

PERSONAL PRONOUNS
PRONOMI PERSONALI

I - IO

YOU - TU

HE - LUI

SHE - LEI

IT - ESSO (cosa o animale)

WE - NOI

YOU - VOI

THEY - ESSI/LORO

POSSESSIVE ADJECTIVES
AGGETTIVI POSSESSIVI

MY - MIO

YOUR - TUO

HIS - SUO (di lui)

HER - SUO (di lei)

ITS - SUO (di cosa o animale)

OUR - NOSTRO

YOUR - VOSTRO

THEIR - LORO

INGLESE	ITALIANO
A	
A/AN	UN UNO UNA
ABSENT	ASSENTE
ADDRESS	INDIRIZZO
AEROPLANE	AEROPLANO
AFRAID (TO BE)	PAURA (AVERE)
AFTER	DOPO
AFTERNOON	POMERIGGIO
AGAINST	CONTRO
AIR	ARIA
AIRPORT	AEROPORTO
ALARM CLOCK	SVEGLIA
ALL	TUTTO
ALSO	ANCHE
ALWAYS	SEMPRE
AND	E
ANGRY	ARRABBIATO
ANIMAL	ANIMALE
ANSWER	RISPOSTA
ANT	FORMICA

INGLESE	ITALIANO
APPLE	MELA
APRICOT	ALBICOCCA
APRIL	APRILE
ARITHMETIC	ARITMETICA
ARM	BRACCIO
ARMCHAIR	POLTRONA
ASK (TO)	CHIEDERE
ASTRONAUT	ASTRONAUTA
AT/TO	A
AUGUST	AGOSTO
AUTUMN	AUTUNNO
B	
BAD	CATTIVO
BAG	BORSA
BALL	PALLA
BANANA	BANANA
BANK	BANCA
BARBER	BARBIERE
BASKETBALL	PALLACANESTRO
BAT	PIPISTRELLO
BATHROOM	BAGNO

INGLESE	ITALIANO	INGLESE	ITALIANO
BE (TO)	ESSERE	BLANKET	COPERTA
BEACH	SPIAGGIA	BLOND	BIONDO
BEAN	FAGIOLO	BLUE	BLU
BEAR	ORSO	BOAT	BARCA
BEAUTIFUL	BELLO	BOOK	LIBRO
BEAVER	CASTORO	BOTTLE	BOTTIGLIA
BED	LETTO	BOX	SCATOLA
BEDROOM	CAMERA DA LETTO	BOY	BAMBINO
BEE	APE	BRANCH	RAMO
BEFORE	PRIMA	BRAVE	CORAGGIOSO
BEHIND	DIETRO	BREAD	PANE
BELL	CAMPANELLO	BREAKFAST	COLAZIONE
BELT	CINTURA	BRIDGE	PONTE
BETWEEN	TRA	BROOM	SCOPA
BICYCLE	BICICLETTA	BROTHER	FRATELLO
BIG	GRANDE	BROWN	MARRONE
BIRD	UCCELLO	BRUSH	SPAZZOLA
BIRTHDAY	COMPLEANNO	BUS	AUTOBUS
BISCUIT	BISCOTTO	BUT	MA
BLACK	NERO	BUTTER	BURRO
BLACKBOARD	LAVAGNA	BUTTERFLY	FARFALLA

INGLESE	ITALIANO	INGLESE	ITALIANO
BUTTON	BOTTONE	**CHOCOLATE**	CIOCCOLATO
BUY (TO)	COMPRARE	**CHURCH**	CHIESA
C		**CINEMA**	CINEMA
CAKE	TORTA	**CIRCLE**	CERCHIO
CALL (TO)	CHIAMARE	**CIRCUS**	CIRCO
CAMEL	CAMMELLO	**CLASSROOM**	AULA
CAMERA	MACCHINA FOTOGRAFICA	**CLEAN**	PULITO
		CLEVER	INTELLIGENTE
CAP	BERRETTO	**CLOCK**	OROLOGIO
CAR	AUTOMOBILE	**CLOSED**	CHIUSO
CARPET	TAPPETO	**CLOUD**	NUVOLA
CARROT	CAROTA	**CLOWN**	PAGLIACCIO
CARTOONS	CARTONI ANIMATI	**COAT**	CAPPOTTO
CASTLE	CASTELLO	**COCK**	GALLO
CAT	GATTO	**COFFEE**	CAFFÈ
CATERPILLAR	BRUCO	**COLD**	FREDDO
CHAIR	SEDIA	**COMB**	PETTINE
CHEESE	FORMAGGIO	**COME (TO)**	VENIRE
CHEMIST'S	FARMACIA	**COMPETITION**	GARA
CHESTNUT	CASTAGNA	**COMPUTER**	COMPUTER
CHILDREN	BAMBINI	**CONE**	CONO

INGLESE	ITALIANO	INGLESE	ITALIANO
COOK	CUOCO	DAWN	ALBA
COPY (TO)	COPIARE	DAY	GIORNO
CORN	GRANTURCO	DEAR	CARO
COUNT (TO)	CONTARE	DECEMBER	DICEMBRE
COUNTRY	CAMPAGNA	DEER	CERVO
COWBOY	COWBOY	DENTIST	DENTISTA
CRANE	GRU	DESK	BANCO
CROCODILE	COCCODRILLO	DIFFICULT	DIFFICILE
CROSS (TO)	ATTRAVERSARE	DINING ROOM	SALA DA PRANZO
CRY (TO)	PIANGERE	DINNER	CENA
CUBE	CUBO	DINOSAUR	DINOSAURO
CUP	TAZZA	DIRTY	SPORCO
CUPBOARD	ARMADIO	DO (TO)	FARE
CUT (TO)	TAGLIARE	DOCTOR	DOTTORE

D

		DOG	CANE
DADDY	PAPÀ	DOLL	BAMBOLA
DAILY	QUOTIDIANO	DOLPHIN	DELFINO
DAISY	MARGHERITA	DONKEY	ASINO
DANCE (TO)	BALLARE	DOOR	PORTA
DANGER	PERICOLO	DOWN	GIÙ
DAUGHTER	FIGLIA	DRAWING	DISEGNO

INGLESE	ITALIANO	INGLESE	ITALIANO
DRINK (TO)	BERE	**EXAM**	ESAME
DRIVE (TO)	GUIDARE	**EXERCISE**	ESERCIZIO
DRY	ASCIUTTO	**EXERCISE BOOK**	QUADERNO
DUCK	ANATRA	**EXPLORER**	ESPLORATORE
E		**EYE**	OCCHIO
EAGLE	AQUILA	**F**	
EAR	ORECCHIO	**FABLE**	FAVOLA
EARLY	PRESTO	**FACE**	FACCIA
EASY	FACILE	**FACTORY**	FABBRICA
EAT (TO)	MANGIARE	**FAIRY**	FATA
ECHO	ECO	**FAR**	LONTANO
EGG	UOVO	**FARM**	FATTORIA
EIGHT	OTTO	**FARMER**	CONTADINO
ELECTRICITY	ELETTRICITÀ	**FAST**	VELOCE
ELEGANT	ELEGANTE	**FAT**	GRASSO
ELEPHANT	ELEFANTE	**FATHER CHRISTMAS**	BABBO NATALE
END	FINE	**FEBRUARY**	FEBBRAIO
ENJOY (TO)	GUSTARE	**FILM**	FILM
ENTRANCE	ENTRATA	**FINGER**	DITO
ENVELOPE	BUSTA	**FIRE**	FUOCO
EVENING	SERA	**FIRE**	INCENDIO

INGLESE	ITALIANO	INGLESE	ITALIANO
FIREMAN	POMPIERE	FULL	PIENO
FISH	PESCE	FUNNEL	IMBUTO
FISHERMAN	PESCATORE	**G**	
FIVE	CINQUE	GARAGE	GARAGE
FLAG	BANDIERA	GARDEN	GIARDINO
FLOWER	FIORE	GATE	CANCELLO
FLU	INFLUENZA	GIANT	GIGANTE
FLY (TO)	VOLARE	GIRAFFE	GIRAFFA
FOG	NEBBIA	GIRL	BAMBINA
FOOT	PIEDE	GIVE (TO)	DARE
FOR	PER	GLASS	VETRO
FORGET (TO)	DIMENTICARE	GLASS	BICCHIERE
FORK	FORCHETTA	GLASSES	OCCHIALI
FOUR	QUATTRO	GLOVE	GUANTO
FOUR-LEAF CLOVER	QUADRIFOGLIO	GO (TO)	ANDARE
FOX	VOLPE	GO DOWN (TO)	SCENDERE
FRIDAY	VENERDÌ	GO UP (TO)	SALIRE
FRIEND	AMICO	GOAT	CAPRA
FROG	RANOCCHIO	GOLD	ORO
FROM	DA	GOLF COURSE	CAMPO DA GOLF
FRUIT	FRUTTA	GOOD	BUONO

INGLESE	ITALIANO	INGLESE	ITALIANO
GOOSE	OCA	**HARE**	LEPRE
GORILLA	GORILLA	**HAT**	CAPPELLO
GRANDFATHER	NONNO	**HAVE (TO)**	AVERE
GRANDMOTHER	NONNA	**HE**	EGLI/LUI
GRANDPARENTS	NONNI	**HEAD**	TESTA
GRAPEFRUIT	POMPELMO	**HEAR (TO)**	SENTIRE
GRAPES	UVA	**HEART**	CUORE
GRASS	ERBA	**HEAVY**	PESANTE
GRASSHOPPER	CAVALLETTA	**HELICOPTER**	ELICOTTERO
GREEN	VERDE	**HELLO/BYE BYE**	CIAO
GROUP	GRUPPO	**HELMET**	CASCO
GUITAR	CHITARRA	**HELP**	AIUTO
GYMNASTIC	GINNASTICA	**HEN**	GALLINA
H		**HER**	SUO (DI LEI)
HAIR	CAPELLI	**HERE**	QUI
HAM	PROSCIUTTO	**HIDE (TO)**	NASCONDERSI
HAMMER	MARTELLO	**HIPPOPOTAMUS**	IPPOPOTAMO
HAND	MANO	**HIS**	SUO (DI LUI)
HANDKERCHIEF	FAZZOLETTO	**HITCH-HIKING**	AUTOSTOP
HANG (TO)	APPENDERE	**HOLE**	BUCO
HAPPY	FELICE	**HOLIDAY**	VACANZA

INGLESE	ITALIANO	INGLESE	ITALIANO
HONEY	MIELE	**INK**	INCHIOSTRO
HORSE	CAVALLO	**INSIDE**	DENTRO
HOSPITAL	OSPEDALE	**ISLAND**	ISOLA
HOT	CALDO	**IT**	ESSO/ESSA
HOTEL	ALBERGO	**ITS**	SUO (DI ESSO)
HOUSE	CASA	**J**	
HOW MUCH?	QUANTO?	**JACKET**	GIACCA
HUNGRY (TO BE)	FAME (AVERE)	**JAM**	MARMELLATA
HUNTER	CACCIATORE	**JANUARY**	GENNAIO
I		**JEANS**	JEANS
I	IO	**JOKE**	SCHERZO
ICE	GHIACCIO	**JUDGE**	GIUDICE
ICE-CREAM	GELATO	**JULY**	LUGLIO
IDEA	IDEA	**JUMP (TO)**	SALTARE
IF	SE	**JUNE**	GIUGNO
ILL	MALATO	**K**	
IMPORTANT	IMPORTANTE	**KANGAROO**	CANGURO
IN	DENTRO	**KEY**	CHIAVE
IN FRONT OF	DAVANTI A	**KIND**	GENTILE
INDIAN	INDIANO	**KING**	RE
INFORMATION	INFORMAZIONE	**KISS**	BACIO

INGLESE	ITALIANO	INGLESE	ITALIANO
KITCHEN	CUCINA	LIFT	ASCENSORE
KNIFE	COLTELLO	LIGHT	LEGGERO

L

		LIGHT	LUCE
LADDER	SCALA	LIKE (TO)	PIACERE
LADYBIRD	COCCINELLA	LION	LEONE
LAKE	LAGO	LISTEN (TO)	ASCOLTARE
LAMP	LAMPADA	LITTLE	POCO
LATE	TARDI	LIVE (TO)	ABITARE
LAUGH (TO)	RIDERE	LIVING ROOM	SOGGIORNO
LAWN	PRATO	LOCK	LUCCHETTO
LAZY	PIGRO	LONG	LUNGO
LEAF	FOGLIA	LOOK AT (TO)	GUARDARE
LEARN (TO)	IMPARARE	LORRY	CAMION
LEAVE (TO)	PARTIRE	LOSE (TO)	PERDERE
LEFT	SINISTRA	LOVE	AMORE
LEG	GAMBA	LUCKY	FORTUNATO
LEMON	LIMONE	LUNCH	PRANZO

M

LESSON	LEZIONE		
LETTER	LETTERA	MAGAZINE	RIVISTA
LIBRARY	BIBLIOTECA	MAGICIAN	MAGO
LIE	BUGIA	MAN	UOMO

INGLESE	ITALIANO	INGLESE	ITALIANO
MANY	TANTI	**MOUNTAIN**	MONTAGNA
MAP	PIANTINA	**MOUSE**	TOPO
MARCH	MARZO	**MOUTH**	BOCCA
MATCH	FIAMMIFERO	**MUCH**	TANTO
MAY	MAGGIO	**MUMMY**	MAMMA
MEAT	CARNE	**MUSHROOM**	FUNGO
MEDICINE	MEDICINA	**MUSIC**	MUSICA
MESS	DISORDINE	**MY**	MIO
MIDDAY	MEZZOGIORNO		
MIDNIGHT	MEZZANOTTE	**NAIL**	CHIODO
MILK	LATTE	**NAIL**	UNGHIA
MIRROR	SPECCHIO	**NAME**	NOME
MISTAKE	ERRORE	**NAP**	PISOLINO
MONDAY	LUNEDÌ	**NAPKIN**	TOVAGLIOLO
MONEY	SOLDI	**NEAR**	VICINO
MONKEY	SCIMMIA	**NECK**	COLLO
MOON	LUNA	**NECKLACE**	COLLANA
MORNING	MATTINO	**NEEDLE**	AGO
MOSQUITO	ZANZARA	**NEVER**	MAI
MOTOCROSS	MOTOCROSS	**NEW**	NUOVO
MOTORBIKE	MOTO	**NEWSPAPER**	GIORNALE

N

INGLESE	ITALIANO	INGLESE	ITALIANO
NIGHT	NOTTE	ONION	CIPOLLA
NINE	NOVE	ONLY	SOLAMENTE
NO	NO	OPEN	APERTO
NOBODY	NESSUNO	OR	O
NOISE	RUMORE	ORANGE	ARANCIA
NOSE	NASO	ORANGE	ARANCIONE
NOTHING	NIENTE	OSTRICH	STRUZZO
NOVEMBER	NOVEMBRE	OUR	NOSTRO
NOW	ADESSO	OUT	FUORI
NURSE	INFERMIERA		

O

P

INGLESE	ITALIANO
OAK	QUERCIA
OCEAN	OCEANO
OCTOBER	OTTOBRE
OFFICE	UFFICIO
OFTEN	SPESSO
OLD	VECCHIO
ON	SOPRA
ONE	UNO
ONE HUNDRED	CENTO
ONE THOUSAND	MILLE
PAGE	PAGINA
PAINTER	PITTORE
PANDA	PANDA
PANTS	MUTANDE
PAPER	CARTA
PARACHUTE	PARACADUTE
PARENTS	GENITORI
PARENTS' BEDROOM	CAMERA DEI GENITORI
PARK	PARCO
PARROT	PAPPAGALLO
PARTY	FESTA

INGLESE	ITALIANO	INGLESE	ITALIANO
PASSPORT	PASSAPORTO	**POLITE**	EDUCATO
PEA	PISELLO	**POLLUTION**	INQUINAMENTO
PEACH	PESCA	**PORT**	PORTO
PEAR	PERA	**POSTMAN**	POSTINO
PEN	PENNA	**POT**	PENTOLA
PENCIL	MATITA	**POTATO**	PATATA
PENGUIN	PINGUINO	**PRESENT**	REGALO
PETROL	BENZINA	**PRIZE**	PREMIO
PHOTOGRAPH	FOTOGRAFIA	**PULL (TO)**	TIRARE
PICTURE	QUADRO	**PUMPKIN**	ZUCCA
PIG	PORCELLINO	**PUPIL**	ALUNNO
PINEAPPLE	ANANAS	**PURPLE**	VIOLA
PINK	ROSA	**PUSH (TO)**	SPINGERE
PYRAMID	PIRAMIDE	**PYJAMAS**	PIGIAMA
PLATE	PIATTO		
PLAY (TO)	GIOCARE	**QUEEN**	REGINA
PLAY (TO)	SUONARE	**QUESTION**	DOMANDA
PLEASE	PER PIACERE	**QUEUE**	CODA
POCKET	TASCA	**QUICK**	VELOCE
POINT TO (TO)	INDICARE	**QUIET**	TRANQUILLO
POLICEMAN	POLIZIOTTO	**QUIZ**	QUIZ

Q

INGLESE	ITALIANO	INGLESE	ITALIANO
R		**RIVER**	FIUME
RABBIT	CONIGLIO	**ROAD**	STRADA
RACE	CORSA	**ROBOT**	ROBOT
RADIO	RADIO	**ROOF**	TETTO
RAFT	ZATTERA	**ROSE**	ROSA
RAILWAYMAN	FERROVIERE	**RUBBER**	GOMMA
RAIN	PIOGGIA	**RUCKSACK**	ZAINO
RAINBOW	ARCOBALENO	**RUN (TO)**	CORRERE
RAINCOAT	IMPERMEABILE	**RUN AFTER (TO)**	INSEGUIRE
READ (TO)	LEGGERE	**S**	
RECTANGLE	RETTANGOLO	**SAIL**	VELA
RED	ROSSO	**SAILOR**	MARINAIO
REFRIGERATOR	FRIGORIFERO	**SALAD**	INSALATA
RELAX (TO)	RILASSARSI	**SALT**	SALE
REPEAT (TO)	RIPETERE	**SAND**	SABBIA
RESTAURANT	RISTORANTE	**SATURDAY**	SABATO
RHINOCEROS	RINOCERONTE	**SAUSAGE**	SALSICCIA
RICE	RISO	**SCHOOL**	SCUOLA
RICH	RICCO	**SCISSORS**	FORBICI
RIGHT	DESTRA	**SEA**	MARE
RING	ANELLO	**SEAL**	FOCA

INGLESE	ITALIANO	INGLESE	ITALIANO
SEE (TO)	VEDERE	SKYSCRAPER	GRATTACIELO
SEPTEMBER	SETTEMBRE	SLEEP (TO)	DORMIRE
SEVEN	SETTE	SLEIGH	SLITTA
SHARK	SQUALO	SLOW	LENTO
SHE	ELLA/LEI	SMALL	PICCOLO
SHEEP	PECORA	SMELL	ODORE
SHELL	CONCHIGLIA	SNAKE	SERPENTE
SHERIFF	SCERIFFO	SNEEZE (TO)	STARNUTIRE
SHIP	NAVE	SNOW	NEVE
SHIRT	CAMICIA	SOAP	SAPONE
SHOE	SCARPA	SOCCER	CALCIO
SHOP	NEGOZIO	SOCK	CALZA
SHORT	BASSO	SOFA	DIVANO
SHOUT (TO)	GRIDARE	SOLDIER	SOLDATO
SHOWER	DOCCIA	SON	FIGLIO
SISTER	SORELLA	SORRY!	SCUSA!
SIT DOWN (TO)	SEDERSI	SPACESHIP	ASTRONAVE
SIX	SEI	SPEAK (TO)	PARLARE
SKATE (TO)	PATTINARE	SPIDER	RAGNO
SKIRT	GONNA	SPINACH	SPINACI
SKY	CIELO	SPOON	CUCCHIAIO

INGLESE	ITALIANO	INGLESE	ITALIANO
SPORT	SPORT	**SWEATER**	MAGLIONE
SPRING	PRIMAVERA	**SWEET**	CARAMELLA
SQUARE	PIAZZA	**SWIM (TO)**	NUOTARE
SQUARE	QUADRATO	**SWIMMING-POOL**	PISCINA
SQUIRREL	SCOIATTOLO	**SWORD**	SPADA
STAMP	FRANCOBOLLO	**T**	
STAR	STELLA	**T-SHIRT**	MAGLIETTA
STATION	STAZIONE	**TABLE**	TAVOLO
STEAK	BISTECCA	**TABLECLOTH**	TOVAGLIA
STOP (TO)	FERMARE	**TAIL**	CODA
STRAWBERRY	FRAGOLA	**TAKE (TO)**	PORTARE
STRONG	FORTE	**TAKE (TO)**	PRENDERE
STUDY (TO)	STUDIARE	**TALL**	ALTO
SUBMARINE	SOTTOMARINO	**TAXI**	TAXI
SUGAR	ZUCCHERO	**TEA**	TÈ
SUIT / DRESS	VESTITO	**TEACHER**	INSEGNANTE
SUITCASE	VALIGIA	**TELEPHONE**	TELEFONO
SUMMER	ESTATE	**TELEVISION**	TELEVISIONE
SUN	SOLE	**TELL (TO)**	RACCONTARE
SUNDAY	DOMENICA	**TEN**	DIECI
SURPRISE	SORPRESA	**TENNIS COURT**	CAMPO DA TENNIS

INGLESE	ITALIANO	INGLESE	ITALIANO
THANK YOU	GRAZIE	TOOTH	DENTE
THAT	QUELLO	TOOTHPASTE	DENTIFRICIO
THE	IL/LO/LA/LE/GLI	TORTOISE	TARTARUGA
THEATRE	TEATRO	TOWEL	ASCIUGAMANO
THERE	LÀ	TOWN	CITTÀ
THESE	QUESTI	TOY	GIOCATTOLO
THIN	MAGRO	TRAFFIC LIGHT	SEMAFORO
THINK (TO)	PENSARE	TRAIN	TRENO
THIRSTY (TO BE)	SETE (AVERE)	TRAVEL (TO)	VIAGGIARE
THIS	QUESTO	TREASURE	TESORO
THOSE	QUELLI	TREE	ALBERO
THREE	TRE	TRIANGLE	TRIANGOLO
THURSDAY	GIOVEDÌ	TROUSERS	PANTALONI
TIE	CRAVATTA	TUESDAY	MARTEDÌ
TIGER	TIGRE	TUMMY	PANCIA
TIRED	STANCO	TWINS	GEMELLI
TODAY	OGGI	TWO	DUE
TOGETHER	INSIEME	TYPEWRITER	MACCHINA DA SCRIVERE
TOMATO	POMODORO		
TOMORROW	DOMANI		
TONGUE	LINGUA	UGLY	BRUTTO

U

INGLESE	ITALIANO	INGLESE	ITALIANO
UMBRELLA	OMBRELLO	WATER	ACQUA
UNDER	SOTTO	WATERMELON	ANGURIA
UNDERSTAND (TO)	CAPIRE	WEDNESDAY	MERCOLEDÌ
UNHAPPY	INFELICE	WE	NOI
UP	SÙ	WELL	BENE
V		WET	BAGNATO
VACUUM CLEANER	ASPIRAPOLVERE	WHALE	BALENA
VASE	VASO	WHAT SI IT?	CHE COSA È?
VEGETABLES	VERDURA	WHEEL	RUOTA
VERY	MOLTO	WHEN	QUANDO
VOICE	VOCE	WHERE	DOVE
VOLCANO	VULCANO	WHICH	QUALE
W		WHITE	BIANCO
WAIT FOR (TO)	ASPETTARE	WHO	CHI
WAKE UP (TO)	SVEGLIARSI	WHY / BECAUSE	PERCHÈ
WALK (TO)	CAMMINARE	WIND	VENTO
WALL	MURO	WINDOW	FINESTRA
WANT (TO)	VOLERE	WINE	VINO
WASH (TO)	LAVARE	WINTER	INVERNO
WASHING MACHINE	LAVATRICE	WITH	CON
WATCH	OROLOGIO	WITHOUT	SENZA

INGLESE	ITALIANO
WOLF	LUPO
WOMAN	DONNA
WOOD	BOSCO, LEGNO
WOOL	LANA
WORK (TO)	LAVORARE
WORLD	MONDO
WRITE (TO)	SCRIVERE

X

XYLOPHONE	XILOFONO

Y

YELLOW	GIALLO
YES	SÌ
YESTERDAY	IERI
YOU	TU/VOI
YOUR	TUO/VOSTRO
YOUNG	GIOVANE

Z

ZEBRA	ZEBRA
ZEBRA CROSSING	STRISCE PEDONALI
ZERO	ZERO